국립생태원은 한반도 생태계를 비롯하여 열대, 사막, 지중해, 온대, 극지 등 세계 5대 기후와
그곳에서 서식하는 동식물을 한눈에 관찰하고 체험할 수 있는 생태 연구·교육·전시 종합 기관입니다.
국립생태원 출판부(NIE PRESS)는 소중한 생태 정보와 이야기를 엮어 유아부터 성인, 전문가에 이르는
다양한 독자를 위한 책을 만들고 있습니다.

정보 제공 및 내용 감수에 참여한 **국립생태원 연구원**
권용수

에코스토리 15 국립생태원이 들려주는 **에코뱅크** 이야기
신나는 생태 지도 만들기

발행일 2019년 9월 10일 초판 1쇄 발행
　　　　2022년 8월 16일 초판 2쇄 발행
글 한수프 | **본문그림** 한철호 | **부록그림** 박소영

발행인 조도순
책임편집 유연봉 | **편집** 전세욱 | **구성·진행** 강승연 조현민
아트디렉터 신은경 | **디자인** 디자인아이(진선미 김영주 양신영)
사진 국립생태원, 국립중앙박물관, 국토환경정보센터(생태·자연도 누리집), 국립생물자원관(한반도의 생물다양성 누리집), 국립환경과학원(물환경정보시스템 누리집)
발행처 국립생태원 출판부 | **신고번호** 제458-2015-000002호(2015년 7월 17일)
주소 충남 서천군 마서면 금강로 1210 / www.nie.re.kr
문의 041-950-5999 / press@nie.re.kr

ⓒ 국립생태원 National Institute of Ecology, 2022
ISBN 979-11-89730-78-9 74400
　　　979-11-88154-02-9(세트)

※ 이 책에 실린 모든 글과 그림을 저작권자의 허락 없이 무단으로 사용하거나 복사하여 배포하는 것은 저작권을 침해하는 것입니다.
⚠ 다칠 우려가 있습니다. 본 교재를 던지거나 떨어뜨리지 않도록 주의하십시오. 고온 다습한 장소나 직사광선이 닿는 장소에는 보관을 피해 주십시오..

15 에코뱅크

신나는 생태 지도 만들기

글 한수프 그림 한철호 감수 국립생태원

국립생태원
NIE PRESS

"엄마, 여기 탐스럽게 핀 예쁜 꽃 이름이 뭐예요?"
"응, 이 꽃은 벚꽃이야."
"다른 예쁜 꽃들도 벚꽃하고 같이 피면 좋을텐데,
왜 다른 꽃들은 같이 피지 않는 거예요?"
"원래 꽃이 피는 시기는 식물마다 다른 거야.
엄마는 안 궁금한데, 산이는 궁금한가 보구나."
엄마는 내 질문에 더 이상 답하지 않고 성큼성큼 앞서 가셨어요.

🌱 왜 식물은 저마다 꽃을 피우는 시기가 다를까요?

날이 따뜻해지면서 식물이 받는 온기가 꽃을 피우는 데 필요한 만큼 채워지면 꽃이 피는데, 꽃을 피우는 데 필요한 온기의 정도가 식물마다 다르기 때문에 꽃이 피는 시기가 달라요. 개나리가 꽃을 피우는 데 필요한 온도가 벚나무보다 낮기 때문에 개나리가 먼저 피고 벚꽃이 나중에 피는 거예요.

내 이름은 '한산'이에요.

이름이 '산'이라서 그런지 동물이나 식물에 대해 궁금한 것이 많아요.

이런 나를 엄마 아빠는 '호기심 대장'이라고 불러요.

반대로 우리 엄마 별명은 '안 궁금해 여사'예요.

항상 "그건 원래 그래. 엄마는 안 궁금한데."라고 말하니까요. 조금 전처럼 말이에요.

어느 날, 학교에서 집에 돌아왔는데 엄마가 사진작가인 친구와
하하 호호 웃으며 이야기를 하고 계셨어요.
난 책을 고르는 척하고 거실에 있는 책장으로 갔어요.
"강원도에 가서 철새 사진을 찍었다고?
우아, 새들이 무리 지어 날아가는 사진이 정말 멋진데!"
엄마와 아줌마의 이야기를 듣고 있던 나는
엄마가 잠깐 자리를 비우셨을 때
아줌마에게 궁금한 것을 마구 물어보기 시작했어요.
"어떤 철새들을 보고 오신 거예요?
이 사진 속 철새 이름은 뭐예요?
철새는 언제까지 우리나라에 머물러요?
그리고 우리나라를 떠나면 어디로 가요?"

🌱 철새의 종류에는 어떤 것이 있나요?

알을 낳거나 겨울을 나기 위해서 계절을 따라 서식지를 이동하는 새를 철새라고 해요. 우리나라에서 여름을 나는 철새를 여름 철새, 겨울을 나는 철새를 겨울 철새라고 하지요. 여름 철새에는 뻐꾸기, 꾀꼬리, 백로, 제비 등이 있고, 겨울 철새에는 두루미, 큰기러기, 쇠기러기, 가창오리 등이 있어요.

질문을 하고 나서 난 아차 싶었어요.

엄마가 어른들께 예의 없이 행동하면 안 된다고 하셨거든요.

그런데 뜻밖에도 아줌마가 내 머리를 쓰다듬어 주셨어요.

"아줌마는 강원도 철원에서 겨울 철새들을 보고 왔어.

이 사진 속 새는 쇠기러기야.

겨울 철새는 10월에서 다음 해 3월까지 우리나라에서 머물고

시베리아나 만주 등의 북쪽으로 이동한단다."

아줌마는 더 궁금한 것이 있으면 찾아보라며 인터넷 사이트도 알려 주셨어요.

'우아, 이렇게 속 시원하게 답을 얻다니!'

내 환한 얼굴을 보고 아줌마는 이어서 말씀하셨어요.

"호기심 많은 산이를 보니 대동여지도를 만든 김정호가 생각나는데!

김정호도 길 끝과 산 너머에는 무엇이 있는지

끊임없이 궁금해하며 직접 가서 확인했단다.

산이도 그 호기심을 계속 발전시키면 훌륭한 사람이 될 수 있을 거야."

아줌마가 가시자마자 난 엄마를 졸라 철새정보서비스에 들어갔어요.
우리는 '철새지리정보'를 클릭하고 지역별 탭에서
강원도 철원평야, 그리고 작년 11월을 지정했어요.
그랬더니 철원평야에 왔던 철새에 대한 정보가 나왔어요.
아줌마가 봤던 쇠기러기는 작년 11월,
철원에 가장 많이 온 철새였어요.
나는 또 다른 것들이 궁금해지기 시작했어요.
"엄마, 철원은 곡식이 많은 곳이에요?
왜 철새가 많이 와요?"
하지만 엄마는 이번에도 궁금하지 않은가 봐요.
"글쎄, 쇠기러기가 철원을 좋아하나?"
라고 말하며 컴퓨터를 끄시지 뭐예요.
나는 철원에 대한 책이 있는지 책장을 훑어보았어요.
그런데 눈에 띄는 책이 있었어요.
"고산자 김정호? 오! 이것부터 읽어 볼까?"

🌱 대동여지도가 그렇게 대단한 지도인가요?

조선 후기 지리학자인 김정호가 만든 대동여지도는 가로 4미터(m), 세로 6.6미터(m)나 되는 거대한 지도지만 차곡차곡 접어 책처럼 들고 다니며 볼 수 있었어요. 그리고 지도를 줄인 비율만큼 늘려 계산하면 길이나 하천의 실제 거리도 쉽게 알 수 있었고요. 150여 년 전에 만든 지도가 최신 기술로 만든 요즘 지도와 비교해도 부족하지 않으니 정말 대단하지 않나요?

김정호가 살던 시대에도 지도는 있었지만,
김정호는 더 보기 편한 지도를 만들려고 노력했대요.
또 지도에 인구, 교통, 군사 시설 등도 함께 기록해
많은 사람에게 도움을 주었고요.
책을 읽다가 산이에게 좋은 생각이 떠올랐어요.
'김정호가 지도에 여러 정보를 넣었던 것처럼
나도 여러 생태 정보를 한 지도에 모아 볼까?
우리 동네 지도에 식물과 동물, 땅과 강에 대한
정보를 모두 넣는 거야!'
난 내 생각을 엄마에게 이야기했어요.
그런데 다른 때 같으면 시큰둥하게 대답했을 엄마가
어쩐 일로 컴퓨터를 켜며 말씀하시는 거예요.
"엄마가 인터넷에서 비슷한 지도를 본 거 같은데……."
우리는 바로 인터넷 검색을 시작했어요.

"여기에 생태 정보가 다 있는 것 같은데? '생태·자연도' 말이야."
"아니에요. 여기에는 이 지역에 어떤 동식물이 있는지는 나와 있지 않아요."

생태·자연도야.

어떤 동식물이 있는지는 나와 있지 않아요.

"그럼, 여긴 어때? '국립생물자원관 한반도의 생물다양성'에는 동식물에 대한 정보가 많아."
"여기는 동식물의 서식지* 정보는 적어요."

동식물의 서식지 정보가 적어요.

*서식지 특정 생물이 사는 곳을 말해요.

우리나라에 있는 동식물이 다 있어.

"국립환경과학원에서는 대기와 수질 정보에 대해서 알 수 있네."
"아무래도 동식물에 대한 정보와 서식지 정보가 같이 있는 곳은 없는 것 같아요."

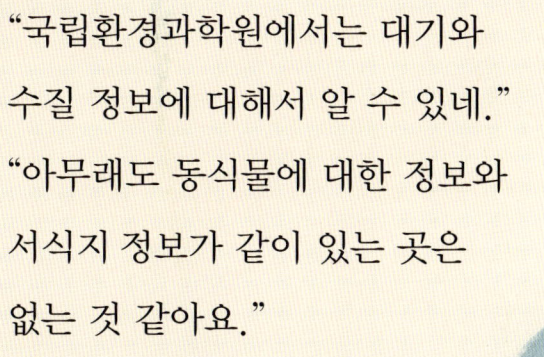

"그러니까 제가 만들어 볼래요.
아직 아무도 안 했으니까요.
우리 동네부터 시작하는 게 좋겠죠?
진짜 재미있을 것 같아요!"

제가 만들어 볼래요!

생태 지도를 만들기로 마음먹은 나는 엄마를 졸라
하루에도 몇 번씩 우리 동네 이곳저곳을
살피며 돌아다녔어요.
우리 아파트 단지 오른쪽에는 공원이, 왼쪽에는 하천이,
뒤에는 산이 있는데, 산에는 토끼와 청설모*,
공원에는 고양이가 살고 있었어요.
우리 아파트에는 벚나무, 은행나무, 감나무 같은
다양한 나무가 있었고요.
하천의 물고기도 봐야겠다는 생각에 나는 엄마를 졸랐어요.
하지만 이번엔 아빠가 대답하셨어요.
"자, 이제 아빠가 도와줄 차례인가?"
다음 날, 난 아빠와 함께 하천에 가서 물고기를 잡았어요.
알고 보니 아빠는 물고기 박사였어요.
"저건 버들치*, 저건 참붕어*란다."

***청설모** 쥐목 다람쥣과의 포유류예요. 다람쥐와 비슷하게 생겼지만
 다람쥐와 다르게 줄무늬가 없어요. 상록 침엽수가 있는 산림을
 좋아하고 주로 나무 위에서 생활해요.

***버들치** 잉어목 잉엇과의 민물고기로 몸이 길고 옆으로 납작해요.
 넓은 하천에서도 살지만 좁은 계곡을 더 좋아해요.

***참붕어** 잉어목 잉엇과의 민물고기로 몸길이가 6~9센티미터(cm)인
 작은 물고기예요. 호수, 연못, 강 등에서 주로 떼를 지어 헤엄쳐 다녀요.

친구들도 나에게 동네에서 본 나무와 꽃에 대해서 알려 주었어요.

"우리 집 앞에 이런 나뭇잎을 가진 나무가 많았어."

2단지에 사는 정우가 나뭇잎을 내밀며 말했어요.

"나뭇잎에 윤기가 나고 긴 타원 모양에
날카로운 톱니 무늬가 있는 걸 보니 밤나무가 틀림없어.
2단지에는 밤나무가 많구나!"

3단지에 사는 유리도 그림을 내밀며 말했어요.

"집에 가는 길에 달걀프라이같이 생긴 꽃이
아주 많이 피어 있어서 깜짝 놀랐어."

유리가 보여 준 꽃은 개망초였어요.

생태 지도의 3단지에 개망초를 그려 넣었어요.

꽉꽉 채워져 가는 지도를 보니 뿌듯한 마음이 들었어요.

정말 내가 김정호가 된 것 같았지요.

그러던 어느 날, 컴퓨터를 하던 엄마가 나를 다급하게 부르셨어요.
"산이야, 산이야. 네가 만드는 지도, 벌써 누가 만든 것 같아!
에코뱅크라는 사이트인데,
여기 '생태공간정보'를 클릭하면 나오는 지도에
주소를 입력하고 오른쪽의 버튼들을 클릭하니까
그 지역의 동물과 식물 그리고 지역과 토양에 대한 정보를 한번에 알 수 있어."
"어, 진짜네? 내가 하려던 건데······."

에코뱅크에는 다양한 생태 정보가
내가 한 것보다 훨씬 더 자세하고 보기 쉽게
나와 있었어요.
내가 생각했던 것을 아주 잘 만들어 주셔서
감사했지만 왠지 모르게 서운했어요.
그래서 사이트에서 본 메일 주소로 편지를 썼지요.
감사한 마음과 약간의 서운함을 담아서요.
그리고 내가 만든 생태 지도 사진도 함께 보냈어요.

기운 없이 학교와 집만 왔다 갔다 하고 있을 때,

에코뱅크 연구원님께 메일이 왔어요.

연구원님은 내가 만든 생태 지도를 보고 너무 잘 만들어서 깜짝 놀라셨대요.

그리고 만나보고 싶다며 서천에 있는 국립생태원으로 초대해 주셨어요.

"야호!" 나는 정말 기뻤어요.

사실 나도 에코뱅크를 만드신 분을 정말 만나고 싶었거든요.

연구원님은 생태원 입구에서 엄마와 나를 기다리고 계셨어요.

"안녕하세요. 에코뱅크를 만든 연구원입니다."

인사를 마친 연구원님이 나에게 질문을 하기 시작하셨어요.

"넌 어떻게 생태 지도를 만들 생각을 했니?

그게 왜 필요하다고 생각했니? 만들 때 뭐가 제일 힘들었니?"

알고 보니 연구원님은 나보다 궁금한 게 더 많은 호기심 대장이었어요.

폭풍 질문을 마친 연구원님은 에코뱅크에 대해 설명을 해 주셨어요.
에코뱅크 이전에도 생태 정보는 있었지만
그 정보들이 여러 곳에 흩어져 있었고,
정보를 정리한 방식이 모두 달라서 정보를 이용하기 쉽지 않았대요.
또 인터넷에는 정확하지 않은 정보들도 있어서
올바른 정보를 알기도 힘들었고요.
"이제 누구나 손쉽게 생태 조사 자료와 연구 자료를 이용할 수 있게 되었단다.
에코뱅크가 만들어진 지는 얼마 되지 않았지만,
벌써 도움을 받은 사람에게서 감사 메일을 받고 있지."

그런데 말씀을 들을수록
'내가 하고 싶었던 일인데…….' 라는 아쉬움이 더했어요.
연구원님은 내 맘을 아는지 모르는지
에코뱅크에 대한 설명을 이어가셨어요.
"산이야, 에코뱅크는 맞춤형 서비스를 한단다.
일반인, 연구자, 정책 결정자를 구분해서 수준에 맞는 정보를 제공하지.
그리고 이게 다가 아니야.
지금은 우리나라에서만 서비스를 제공하고 있지만,
이후로는 전 세계에 서비스를 제공할 계획을 하고 있단다.
난 우리 산이가 얼른 커서 꼭 나와 함께 그 일을 했으면 좋겠구나."

연구원님은 갑자기 내 손을 잡으며 말씀하셨어요.

"네? 저랑요?"

"산이처럼 이 일에 관심 있는 친구와 함께하면 얼마나 재미있겠니?
얼른 자라서 나와 함께 일하는 거다!"

"네! 연구원님, 기다리세요!"

갑자기 힘이 불끈불끈 솟는 느낌이에요.

여러분도 기다려 주세요. '한산'이 만들 에코뱅크를요!

쏙쏙 정보 더하기

에코뱅크(EcoBank)는 무엇일까요?

인터넷에서 생물이 살아가는 모습에 대한 정보를 찾아본 적이 있나요? 포털 사이트에서 생태 정보를 검색하면 여러 사람, 여러 기관에서 제공하는 다양한 정보를 볼 수 있어요. 하지만 아무리 많은 정보가 검색된다고 하더라도 나에게 필요한 정보를 찾는 일은 쉽지 않지요. 저마다 정보를 정리하는 방식이 다르거나, 같은 경우라도 내가 찾고 있는 생태 정보를 모두 제공하는 곳이 드물어 여러 곳에서 제공하는 정보를 모아 다시 정리해야 할 때가 많으니까요. 이런 불편함을 줄이기 위해 생태 정보 포털 시스템 에코뱅크가 만들어졌대요. 누구나 생태 정보를 손쉽게 찾을 수 있게 만들었다는 에코뱅크는 어떻게 다른지 함께 알아볼까요?

에코뱅크를 왜 만들게 되었을까요?

환경 문제를 해결하기 위해서는 생물에 대해서도 알아야 하고 그 생물들이 살고 있는 서식 환경에 대해서도 알아야 하는데, 이 두 정보를 함께 제공해 주는 곳이 드물었어요. 그래서 환경 문제 해결을 위해서 이곳저곳을 찾아다니며 자료를 찾고 추려서 정리해야 하는 어려움이 있었지요. 환경 문제뿐만 아니라 기후 변화나 지역 개발을 위한 정책을 세울 때도 같은 어려움이 있었어요. 그리고 생태 정보를 믿을 수 있는 곳에서 손쉽게 알고 싶다는 국민들의 요구도 점점 높아졌고요. 그래서 각종 개발, 기후 변화, 환경 문제 해결을 위해 생물 정보와 서식지 정보를 함께 제공하는 생태 정보 포털 시스템을 개발하게 되었어요. 누구든지 언제 어디서나 손쉽게 생태 조사 자료와 연구 자료를 이용할 수 있는 에코뱅크를 만들게 된 거예요.

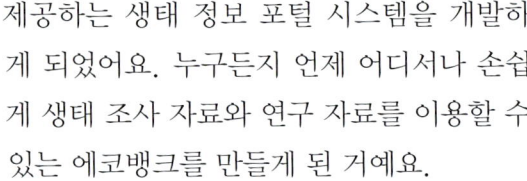

에코뱅크를 어떻게 이용하나요?

포털 사이트 검색창에 '에코뱅크'를 입력하고 클릭하여 들어가거나, 인터넷 주소 창에 http://ecobank.nie.re.kr 을 치면 생태 정보 포털 시스템인 에코뱅크로 연결돼요. 홈페이지의 '생태공간정보'와 '통계' 메뉴를 이용하면 다양한 생태 정보를 만날 수 있어요.

생태공간정보 지도 위에서 다양한 생태 정보를 알 수 있어요

'생태공간정보' 메뉴로 들어가면 생태 정보를 알려 주는 우리나라 지도가 나와요. 생태 정보가 지도 위에 그래픽으로 제공되기 때문에 생태에 대해 잘 모르는 사람들도 쉽고 편하게 알 수 있어요.

어느 지역에 어떤 생물이 사는지 알 수 있어요
지도 위쪽 메뉴에서 지역을 설정하고, 오른쪽 '레이어' 버튼을 클릭해 원하는 정보를 활성화하면 지도 위에서 내가 알고 싶은 생물 정보를 확인할 수 있어요.

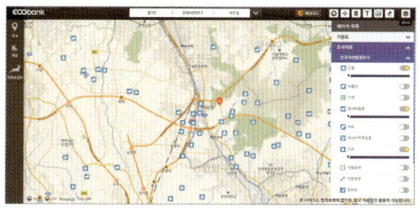

어떤 생물이 어느 지역에 있는지 알 수 있어요
지도 왼쪽에 있는 조사 자료 검색 메뉴를 이용하면 어떤 생물이 우리나라 어느 지역에서 발견되었는지 알 수 있어요.

생태·자연도 등급도 알 수 있어요
환경부에서는 전국을 생태적 가치, 자연성, 경관적 가치 등에 따라 등급화하고 있는데 에코뱅크에서 이 생태·자연도 등급을 알 수 있어요. 생태·자연도 등급은 1등급(보전), 2등급(훼손 최소화), 3등급(개발) 권역과 별도 관리 지역으로 구분되어 있어요.

다양한 생태 공간 정보를 알 수 있어요.

통계 다양한 통계 정보를 알 수 있어요

특정 현상에 대한 자료를 한눈에 알아보기 쉽게 숫자나 그림으로 나타낸 것을 통계라고 하는데, 에코뱅크에서는 생태 정보를 알 수 있는 다양한 통계를 제공하고 있어요.

우리나라의 생태·자연도 현황을 알 수 있어요

지도에서 보이는 땅을 일정한 크기로 나누어 번호를 붙인 것을 도엽이라고 하는데, 에코뱅크에서는 이런 도엽별, 행정 구역별 생태·자연도를 알 수 있어요.

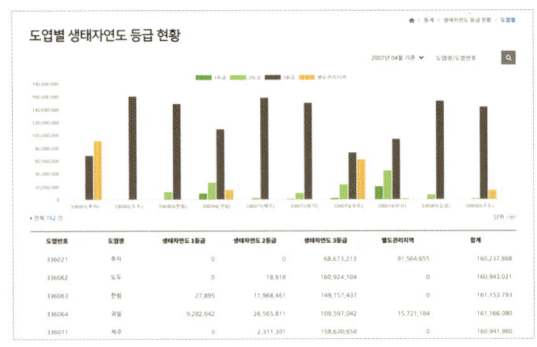
각 도엽의 생태·자연도 등급별 면적을 알 수 있어요.

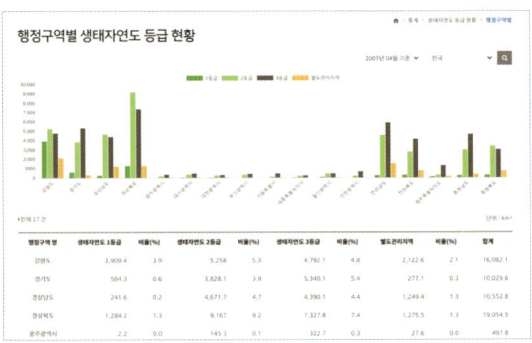
각 행정 구역의 생태·자연도 등급별 면적과 비율을 알 수 있어요.

다양한 조사 자료 통계를 볼 수 있어요

권역별 식생 현황, 외래 생물 현황, 행정 구역별 조사 자료 현황, 장기 생태 통계 등 다양한 조사 자료 통계를 볼 수 있어요.

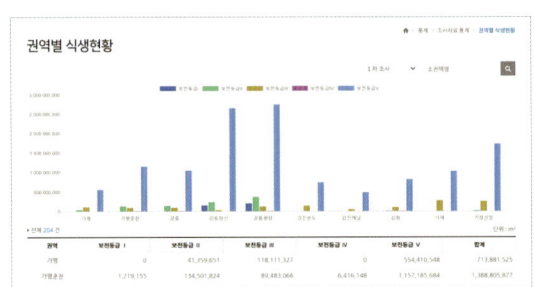
권역별 식물 보전 등급을 알 수 있어요.

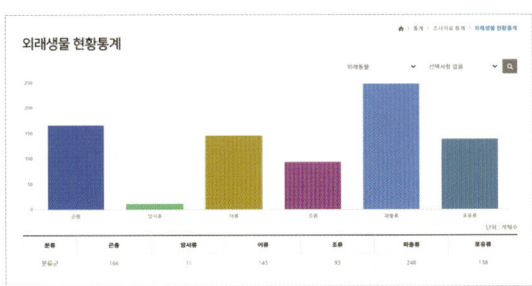
우리나라에 들어와 있는 외래 생물종 수를 각 분류군별로 알 수 있어요.

사용자별 맞춤 서비스를 받을 수 있어요

에코뱅크에서는 좀 더 전문적인 정보를 필요로 하는 연구자와 정책 입안자를 위해 일반 사용자, 연구자, 정책 입안자로 사용자를 구분하여 수준에 맞는 맞춤형 서비스를 제공하고 있어요.

연구자들을 위해서는 지역별 조사 연구를 통한 기초 자료를 엑셀 파일이나 보고서, 사진 등으로 제공하고 있어요. 생태 연구 자료의 공유를 통해 연구 활성화를 지원하는 거예요.

정책 입안자를 위해서는 생태 자료를 바탕으로 시행된 정책 자료 등을 제공해 생태 분야의 정책 결정을 지원해요.

에코뱅크 이용 플러스

손쉽게 면적과 거리를 알 수 있어요

지도 오른쪽 위쪽의 '측정' 버튼을 클릭하면 나오는 '면적'이나 '거리' 버튼을 클릭한 다음 면적이나 거리를 설정하면, 어떤 생물이 살고 있는 곳의 면적이나 생물 서식지 간의 거리를 쉽게 알 수 있어요.

원하는 모양의 배경 지도를 고를 수 있어요

세계 최대 검색 사이트의 지도와 한국형 위성 지도인 국토교통부 Vworld를 기본 지도로 활용해요. 이 지도를 활용하여 다양한 생태 공간 정보를 일반 지도와 스카이뷰 지도 등으로 확인할 수 있어요.

원하는 모양의 배경 지도를 고를 수 있어.

국립생태원이 들려주는 **에코스토리**

- **01 전국 자연환경 조사**
  나는 독도의 마스코트
- **02 기후 변화 연구**
  빙글빙글 물방울의 여행
- **03 생명 공학 연구**
  황금쌀과 슈퍼 연어의 비밀
- **04 외래 생물 관리**
  하늘천의 무법자 블루길
- **05 생태계 연구**
  금개구리 왕눈이의 모험
- **06 생체 모방 연구**
  호기심쟁이 수현이와 발명가 삼촌
- **07 생물 다양성 협력**
  와글와글 세계 어린이 환경 뉴스
- **08 생태계 서비스 연구**
  자연이 주는 선물
- **09 멸종 위기종 관리**
  아슬아슬 사라지는 동물
- **10 지역 생태 협력**
  철새들의 천국 서천 유부도
- **11 식물 관리**
  무럭무럭 쑥쑥 식물 성장의 비밀
- **12 동물 관리**
  한밤중 동물 친구들에게 생긴 일
- **13 생태 교육**
  푸른이의 두근두근 생태 교실
- **14 생물 복원**
  다시 만날 동식물 친구들
- **15 에코뱅크**
  신나는 생태 지도 만들기